◇ 읽다 보면 저절로 알게 되는

신비한 높임말 사전

글·그림 이수인

파란정원

1장 높임말이 왜 필요할까?

001 높임말이 뭐야? ········· 12
002 웃어른이야, 윗어른이야? ········· 14
003 어린 사람에게 높임말을? ········· 16
004 듣는 사람이 웃어른일 때 ········· 18
005 행동하는 사람이 웃어른일 때 ········· 20
006 '누구'가 웃어른일 때 ········· 22
007 공적인(공개적인) 자리에서 ········· 24
008 엄마 vs 아빠, 누구를 높일까? ········· 26
009 선생님 vs 엄마, 누구를 높일까? ········· 28
010 할머니 vs 아빠, 누구를 높일까? ········· 30

2장 높임 표현 어떻게 만들까?

011 직접 높임을 해요 ········· 34
012 간접 높임을 해요 ········· 36
013 '-요'로 끝내요 ········· 38
014 '-시-'를 넣어요 ········· 40
015 '-습니다'로 끝내요 ········· 42
016 '-세요'로 끝내요 ········· 44
017 '-에게'를 '-께'로 바꿔요 ········· 46
018 '님'을 붙여요 ········· 48
019 '-분'을 붙여요 ········· 50
020 예사말을 높임말로 바꿔요 ········· 52
021 나를 낮춰 상대를 높여요 ········· 54
022 마지막 말만 높여요 ········· 56
023 높일 사람을 정해요 ········· 58

3장 높임말이 이렇게 많다니!

- 024 먹다-잡수다(들다) ········· 62
- 025 말-말씀 ········· 64
- 026 제 말씀은… ········· 66
- 027 묻다-여쭈다(여쭙다) ········· 68
- 028 미안하다-죄송하다 ········· 70
- 029 병-병환 ········· 72
- 030 보다-뵈다(뵙다) ········· 74
- 031 사람-분 ········· 76
- 032 생일-생신 ········· 78
- 033 아프다-편찮으시다 ········· 80
- 034 다리가 아프시다 ········· 82
- 035 씀, -가-올림, 드림 ········· 84
- 036 에게-께 ········· 86
- 037 우리-저희 ········· 88
- 038 응-네, 예 ········· 90
- 039 성명(이름)-성함, 존함 ········· 92
- 040 있다-계시다 ········· 94
- 041 자다-주무시다 ········· 96
- 042 주다-드리다 ········· 98
- 043 죽다-돌아가시다요 ········· 100
- 044 집-댁 ········· 102
- 045 나이-연세 ········· 104
- 046 아들, 딸-아드님, 따님 ········· 106

4장 뭐라고 부를까?

- 047 아버지, 어머니께서는… ········· 110
- 048 어머니 성함은… ········· 112
- 049 아버님, 언제 올라오세요? ········· 114
- 050 할미는 그만! ········· 116
- 051 아주머니야, 아줌마야? ········· 118
- 052 어르신, 여기 앉으세요 ········· 120
- 053 선생님, 사모님은 어떤 분이세요? ········· 122
- 054 아저씨, 막내랑 놀아도 될까요? ········· 124
- 055 호호 아저씨는 안 보이네 ········· 126
- 056 당신이 문학 소년이었다고 하셨지 ········· 128

5장 어떻게 인사할까?

- **057** 안녕하세요(안녕히 계세요) ······ 132
- **058** 다녀오겠습니다(다녀왔습니다) ····· 134
- **059** 고맙습니다 ······ 136
- **060** 실례합니다 ······ 138
- **061** 괜찮습니다 ······ 140
- **062** 내일 뵙겠습니다 ······ 142
- **063** 부탁드립니다 ······ 144
- **064** 여쭈어볼 게 있어요 ······ 146
- **065** 네(예) ······ 148
- **066** 아니요. 전 아닌데요 ······ 150
- **067** 잘 알았습니다 ······ 152
- **068** 죄송합니다. 전화가 잘못 걸렸습니다 ····· 154
- **069** 생신 축하드립니다 ······ 156

6장 높임말 주의사항

- **070** 점원이 도와줬어요 ······ 160
- **071** 지갑이 안 보여요 ······ 162
- **072** 할머닌 귀가 어두우셔 ······ 164
- **073** 어미 개가 힘들었겠어요 ······ 166
- **074** 용감한 이순신 장군 ······ 168
- **075** 나는 하고 싶은 일이 너무 많다 ······ 170
- **076** 교장실은 과학실 옆에 있어요 ······ 172
- **077** 할아버지 생신이 언제예요? ······ 174
- **078** 고모 전화번호가 몇 번이에요? ······ 176

등장 인물 소개

고은이
사춘기 반항 소녀.
평소에는 부모님께 예사말을 쓰다가,
필요한 것이 있을 때만 높임말을 쓴다.

바른이
초등학교 3학년. 부모님께
높임말을 쓰며, 인사를 잘해
인사 대장이라 불린다.

막내
나이 미상. 어느 날부터
모든 말에 '다요'를 붙여 말한다.
바른이와 높임말 수업 중.

할머니
아이들을 무지 사랑해
언제나 아이들 편이다.

아빠·엄마
높임말을 사용하는
바른이와 막내를
기특하게 생각한다.

1장
높임말이 왜 필요할까?

001 높임말이 뭐야?

높임말에는 상대를 공경하고 존중하는 마음이 담겨 있어요. 하지만 요즘은 엄마 아빠와 친구처럼 친근하게 지내 나이가 들어서도 부모님께 높임말이 아닌 예사말을 하는 경우가 많아요. 오늘부터 공경하는 마음을 높임말로 표현해 보면 어떨까요?

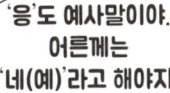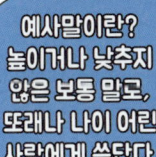

002 웃어른이야, 윗어른이야?

누구나 나이가 많은 웃어른께 높임말을 써야 한다는 건 알 거예요. 하지만 생활 속에서 자주 하게 되는 실수가 바로 상대가 없는 자리에서 상대를 낮춰 말하는 것이랍니다. 말하기 전에 한 번 더 생각하기, 잊지 마세요.

003 어린 사람에게 높임말을?

아마도 모르는 어른에게 '야!'라고 불려 본 경험이 있을 거예요. 이런 경우 상대가 어른이라도 굉장히 불쾌한 기분이 들지요. 높임말은 웃어른께 하는 말이지만, 어른이 나이 어린 사람을 존중하는 마음을 담아 사용하기도 한답니다.

004 듣는 사람이 웃어른일 때

웃어른과 직접 이야기를 하거나 전화 통화를 할 때 높임말을 해요. 높임말이 어색하다거나 웃어른과 이야기를 나누는 것이 불편해 이런 상황을 피하는 경우가 많아요. 높임말도 자주 해야 자연스러워진답니다.

아…

뭐지?

뭔가 중요한 걸 잊어버린 것 같은데…

혹시 이거 잊으신 거예요?

깜짝!

005 행동하는 사람이 웃어른일 때

웃어른의 행동을 보고 이야기할 때도 높임말로 표현해요. '아빠가 밥을 먹는다', '아버지께서 저녁을 드신다' 어떤 것이 바른 표현 같나요? 단순한 표현도 이렇듯 전혀 다르게 들린답니다.

006 '누구'가 웃어른일 때

심부름으로 웃어른께 물건을 가져다주거나 말을 전해야 할 경우가 많아요. 이때는 전달하는 사람이 누구인지, 무엇을 전달하는지 정확하게 알려야 해요. 전달하는 사람과 받는 사람이 모두 어른일 때는 더욱 높임말에 신경 써야 하지요.

자, 1반 선생님께 부탁해.

네, 선생님.

드르륵

선생님, 우리 선생님이 이거 갖다주래요!

007 공적인(공개적인) 자리에서

의견을 나누는 학급 회의나 수업 시간 발표처럼 여러 사람이 함께 하는 공적인 자리에서는 아무리 친한 사이라도 높임말을 써야 해요. 높임말은 정숙한 분위기를 만들고 의견 대립이 생겼을 때 감정적으로 대응하지 않게 하지요.

008 엄마 vs 아빠, 누구를 높일까?

높여야 할 상대가 엄마와 아빠처럼 대등한 경우에는 한 사람을 낮추거나 높이지 않고 대등하게 높여 말하면 돼요. 하지만 누나와 엄마라면 당연히 엄마를 높이고 누나를 낮춰 말하면 되지요.

009 선생님 vs 엄마, 누구를 높일까?

선생님과 엄마 중 누가 더 높을까요? 두 사람은 누가 높고 누가 낮다고 할 수 없어요. 엄마와 아빠처럼 대등한 관계로 두 사람 모두 높여 말하면 되지요. 담임선생님과 체육 선생님 또한 대등한 관계랍니다.

헤헤.

왜 혼자 넘어지냐?

빵점이래요! 빵점….

내일이 학부모 상담 마지막 날이에요. 잊어버린 사람은 꼭 부모님께 말씀드려요.

야, 히히히.

그만 좀 해!!

010 할머니 vs 아빠, 누구를 높일까?

할머니와 아빠는 어떨까요? 당연히 아빠를 낳으신 할머니가 높겠죠. 그래서 할머니를 높이고 아빠를 낮추는 것이 맞는 표현이에요. 하지만 아빠도 우리에게는 웃어른으로 예사말 보다는 적당한 높임 표현으로 말해야 한답니다.

2장
높임 표현 어떻게 만들까?

011 직접 높임을 해요

높임말을 할 때 가장 기본이 되는 직접 높임(주체 높임)은 어머니, 아버지, 선생님처럼 웃어른을 직접 높여 말하는 것이에요. 바른이는 '께서'와 '가셨어'를 사용하여 '어머니'를 직접적으로 잘 높여 말했어요.

012 간접 높임을 해요

높임말을 하다 보면 웃어른의 생각, 신체 등을 높여야 하는 경우가 있어요. 이것을 간접 높임이라고 하는데, 바른이는 '선생님의 발'을 '크시네요'라고 높여서 잘 말했어요.

요즘 미세먼지가 정말 심했죠. 오늘은 우리 함께 대청소를 하기로 해요. 그럼 구역을 어떻게 나누면 좋을까요?

제비뽑기요! / 좋아요.

013 '-요'로 끝내요

어린아이가 높임말을 할 때 '-다요'를 붙여 말하는 것을 들어봤을 거예요. 귀엽다는 생각에 장난말로 따라 하다 입에 붙어 자신도 모르게 잘못된 높임말이 나오기도 해요. 하지만 '-다'와 '-요'는 모두 문장을 끝내는 말로 반복하여 같이 사용할 수 없답니다.

014 '-시-'를 넣어요

높임말을 할 때 문장에 따라 '오시었다, 크시다'처럼 '-시-'를 넣어 높여서 말할 수도 있어요. 보통 '-시-' 뒤에 '-었다'가 오면 '-셨다'로 줄여서 말해요.

015 '-습니다'로 끝내요

'-습니다'로 끝내는 것도 높임의 표현이에요. 보통 많은 사람 앞에서 발표하거나 자신의 의견을 이야기할 때 주로 사용해요. 일상에서 자주 사용하고 있었지만 높임말이라고 생각하지 못했던 표현이랍니다.

016 '-세요'로 끝내요

'안녕하세요, 다녀오세요, 도와주세요'처럼 '-세요'를 사용하여 문장을 끝내면 높임 표현을 쉽게 만들 수 있어요. 고은이와 막내처럼 '간식'에서 끝내지 말고, '-세요'를 넣어 높임말을 시작해 보면 어떨까요?

엄마, 배고파.

엄마, 간식!

나도 간식!

막내야, '간식 주세요' 해야지.

꼬르륵

누난 돼지야? 밥 먹은 지 얼마나 됐다고.

어머니, 우체국 가셨어.

그래? 배고픈데.

017 '-에게'를 '-께'로 바꿔요

높임말을 할 때는 높일 대상 뒤에 오는 '에게'도 '에게'의 높임말인 '께'로 바꿔야 바른 높임말이 돼요. 편지를 쓸 때도 친구에게 쓸 때처럼 '선생님에게'가 아니라 '선생님께'로 바꿔 쓰는 이유도 이와 같아요.

할머니께서 진지를 잡수신다.

잡수신다.

할머니, 감사합니다.

아이고, 막내랑 바른이가 높임말 공부를 열심히 하는구나. 기특도 해라. 옛다, 용돈.

018 '님'을 붙여요

상대의 이름이나 직함 뒤에 '님'을 붙이면 상대를 높이는 표현이 돼요. 어른들이 'OO 씨' 하고 부르는 걸 본 적이 있을 거예요. '님'은 '씨'보다 높임이 큰 표현이에요. 또, 할아버님, 사장님처럼 쓰이기도 해요.

파란초등학교

니가 뭔데? 야!!

까불지 마라! 뭐라고?

싸우더라도 그렇게 말을 함부로 하면 안 돼요.

앞으로 둘은 서로 높임말을 쓰도록 하세요.

네? 친군데… 높임말을요?

친구를 존중하고 아끼는 마음을 갖기 위해 높임말을 쓰는 거예요.

싫어요!

019 '-분'을 붙여요

사람을 높여서 이르는 말인 '분'은 사람을 나타내는 '친구, 환자, 남편'에 붙여 '친구분, 환자분, 남편분'으로 높여서 말할 수 있어요. 또, 웃어른을 다른 사람에게 소개할 때 '이분은 우리 이모세요' 처럼 사용하기도 하지요.

어서 오세요.

참 예의 바른 학생들이네.

안녕하세요.

핫초코 두 잔이랑 케이크 주세요.

케이크는 나중에 주세요.

생일 파티 해도 되는지 여쭤보자.

020 예사말을 높임말로 바꿔요

예사말 중에는 높임말로 바꾸어 쓸 수 있는 것들이 있어요. '밥을 먹다'라는 문장에서 '밥'을 '진지'로 '먹다'를 '잡수다'로 바꿔 '진지를 잡수다'라고 하면 바른 높임말이 되지요. 예사말과 짝이 되는 높임말을 알아두면 좋아요.

- 우리 강아지들 밥 많이 먹어~.
- 할미도 밥 먹어라요.
- 막내, 또 그런다. '진지 잡수세요'라고 해야지.
- 배부르니 졸리다요.
- 하~암.
- 그날 밤, 꿈에서
- 높임말을 쓰라고 했지!
- 속닥 속닥
- 높임말 유령

021 나를 낮춰 상대를 높여요

높임말이라고 해서 항상 상대를 높이기만 하는 것은 아니에요. 나를 낮춰 상대를 높이기도 하지요. 그 예로 '나'를 '저'로, '우리'를 '저희'로 낮춰 표현할 수 있어요. 하지만 '우리나라'를 '저희 나라'로 표현하는 것은 잘못된 표현이랍니다.

022 마지막 말만 높여요

높임말을 하다 보면 한 문장에서 높임말을 연달아 이어서 할 때가 있어요. 이때는 맨 마지막 말만 높여야 바른 높임말 돼요. 보통 '드셔(드시어) 보세요'라고 두 번 높여 말하는데, 이것은 잘못된 말이에요. '들어 보세요'처럼 마지막 말만 높여야 하지요.

지금도 옛날통닭을 파네.

추억의 맛 옛날 통닭

아빠 어릴 때 할아버지께서 사 주셨었는데. 정말 맛있었지.

갑자기 아버지 생각이 나네. 훌쩍.

아빠가 눈물을!!

023 높일 사람을 정해요

말을 전달할 때는 우선 듣는 사람과 말하는 사람 중 누구를 높일지 정해야 해요. 이 경우 듣는 누나가 아닌 말하는 어머니가 높일 대상이므로, 어머니를 높임말인 '께서'와 '-시-'를 넣어 누나에게 어머니 말을 전달하면 돼요.

춤 연습 중

쿵짝
쿵짝
쿵짝

고은아, 떡볶이 먹어. 너 좋아하는 로제란다.

고은 안 들림.
yo

3장
높임말이 이렇게 많다니!

024 먹다-잡수다(들다)

먹다의 높임말은 '잡수다, 들다'예요. 들다에 -시-를 넣어서 드시다로 쓰거나 잡수다의 높임말인 잡수시다로 사용해요. 높임말에 또 높임말이 있다니 참 재미있지요. 오늘 저녁엔 '아버지, 저녁 드세요!' 하고 모시러 가 볼까요.

025 말-말씀

말의 높임말은 '말씀'이에요. 말씀은 다른 사람의 말을 높일 수도 있고, 자신의 말을 낮춰 다른 사람을 높일 수도 있지요. 요즘은 인기 있는 유튜버를 부를 때 '○○ 님'이라며 높임말을 쓰는 경우가 많은데, 부모님께 먼저 높임말을 써 보는 건 어떨까요?

동영상 시청 중

운동은 필요 없어요. 나만 따라 하면 된답니다!

결심했어! 나 다이어트 할 거야!!

지난주에도 같은 말을 했던 거 같은데….

못 들은 척

이번에는 달라! 1일 1식, 운동 안 해도 된다고, 운동안해님이 말씀하셨어.

주먹 불끈

026 제 말씀은…

말씀을 '제가 말씀드리겠습니다'처럼 자신의 말을 낮추는 말로 사용할 수 있어요. 공식적인 자리나 웃어른께 이야기할 때 알아 두었다가 사용하면 좀 더 예의 바른 모습을 보여 줄 수 있지요. 꼭 기억해 두세요.

027 묻다-여쭈다(여쭙다)

묻다의 높임말은 '여쭈다, 여쭙다'예요. 여쭈다는 '여쭈어'로 여쭙다는 '여쭈워'로 활용되어 두 가지 모두 쓸 수 있어요. 친구네 집에 놀러 갈 때는 부모님께 미리 여쭈어보고 가야 한다는 건 모두 알고 있지요.

어머니, 여쭐 게 있어요.

뭔데? 물어봐.

동욱이가 주말에 파자마 파티 하자는데, 저 가도 될까요?

동욱이? 아~, 1학년 때 같은 반이었지.

네. 우리 옆 동에 산대요.

그래? 가까이 사니 다녀오렴.

와~~, 신난다.

028 미안하다-죄송하다

미안하다의 높임말은 '죄송하다'예요. 아마도 이 말은 모두 잘 아는 높임말로 일상에서 자주 사용해 왔을 거예요. 이처럼 높임말은 자주 써야 익숙해지고 제대로 사용할 수 있어요. 높임말이 처음에는 어색하겠지만 자꾸 쓰려고 노력해 봐요.

029 병-병환

병의 높임말은 '병환'이에요. 웃어른께서 아프실 때는 '병환에 걸리시다', '병환으로 누우셨다'처럼 사용하면 돼요. 부모님께서 병환에 걸리셨을 때는 친구들이 알아서 할 일도 잘하고, 필요한 것은 없는지 먼저 다가가 묻는다면 더 빨리 나으실 거예요.

030 보다-뵈다(뵙다)

보다의 높임말은 '뵈다, 뵙다'예요. 이 말은 어른들도 사용할 때 자주 틀리는 것으로 '뵈어요'의 줄임말인 '봬요'를 '뵈요'로 잘못 쓰는 경우가 많아요. 처음부터 잘 알아두면 헷갈리지 않고 바르게 사용할 수 있답니다.

031 사람-분

사람의 높임말은 '분'이에요. 다른 사람에게 부모님을 소개할 때 '이 사람은 우리 엄마예요'와 '이분은 제 어머니세요' 중 어떤 표현이 더 좋게 들리나요. 맞아요, 바르게 높임말을 써 소개하는 것이 훨씬 듣기에도 좋답니다.

032 생일-생신

생일의 높임말은 '생신'이에요. 익숙하게 잘 알면서도 말할 때는 꼭 생일로 나오는 말이지요. 아직 부모님 생신이 안 지났다면, 축하 곡을 부를 때 '사랑하는 아버지(어머니)의 생신 축하합니다~~' 라고 불러 보면 어떨까요? 아마 깜짝 놀라실 거예요.

033 아프다-편찮으시다

아프다의 높임말은 '편찮으시다'예요. 편찮다는 몸과 마음이 불편하고 괴롭다는 뜻으로 쓰이기도 하지만, 여기에 -으시-를 넣어 '편찮으시다'로 쓰면 아프다의 높임말이 되지요. 가족 중 편찮으신 분이 계시면 많이 속상할 거예요.

네? 어머님께서 병원에 입원하셨다고요?

무슨 일이지?

할머니….

할머니께서 편찮으시대.

걱정하지 마세요.

엄마 대신 동생을 잘 보살펴 줘.

알았으니까 얼른 가세요.

고은아, 엄마 바로 병원에 가 봐야 할 거 같아. 고은이가 누나니까….

034 다리가 아프시다

'편찮으시다'와 '아프시다' 무엇이 다를까요? 아프시다는 어떤 특정 부위가 아플 때 '머리가 아프시다'처럼 사용하고, 특정 부위가 아닌 경우에는 '몸이 편찮으시다'처럼 편찮으시다를 사용해 말하면 돼요. 같은 뜻 같지만 그 의미가 다르게 쓰인답니다.

냠냠냠

다음 문제 부른다!

그날 밤

엄마는 언제 오지?

할머니는 괜찮으신가?

삐삐삐삑 띠리릭

엄마!! 할머니는 좀 나아지셨어요?

고은이 아직 안 자고 있었니?

035 씀, -가 – 올림, 드림

편지를 쓸 때 마지막에 누가 보냈는지 내 이름을 써야 해요. 친구나 아랫사람에게 쓸 때는 'ㅇㅇ가, ㅇㅇ 씀'이라고 쓰면 되지만, 웃어른께 쓸 때는 'ㅇㅇㅇ 올림, ㅇㅇㅇ 드림'이라고 써야 예의 바른 표현이랍니다.

036 에게-께

에게의 높임말은 '께'예요. 편지를 쓰거나 말을 할 때 자주 사용하는 말이에요. 편지의 첫 시작을 친구는 'OO에게'로 웃어른께는 'OOO 선생님께'처럼 쓸 수 있어요. '에게'는 사람이나 동물에 붙여 쓸 수 있지만, 높임말 '께'는 사람에게만 쓸 수 있답니다.

037 우리-저희

'저희'는 우리의 낮춤말이에요. 나를 낮춰 남을 높일 때 사용하지요. 어른들도 자주 잘못 사용하는 것이 '우리나라'를 '저희 나라'로 말하는 거예요. 나라와 민족은 낮춰야 할 비교 대상이 아니랍니다. 우리나라 잊지 마세요!

아~, 안타깝습니다! 아쉽게도 역전에 실패하였습니다.

저희 나라 선수들에게 위로의 박수 부탁드립니다.

대~한민국! 짝짝짝 짝짝

저희 나라? 우리나라 아닌가?

038 응-네, 예

응의 높임말은 '네, 예'예요. 부모님이 부르면 아무 대답도 하지 않거나 대답 없이 행동하는 친구들이 많아요. 대답이 없으니 부모님은 반복해서 이야기하게 되고, 친구들은 반복되는 말에 짜증이 나지요. 대답은 갈등을 줄이는 가장 쉬운 방법이에요.

039 성명(이름)-성함, 존함

성명(이름)의 높임말이 '성함'이에요. 남의 이름을 높여 이르는 '존함, 함자'로도 바꿔 사용할 수 있어요. 익숙하지 않은 말이라 어렵게 느껴질 수도 있지만 알아두면 좋아요. '아버님 함자가 어떻게 되시지?'라는 물음에 이제 대답할 수 있겠죠.

- 과자 너무 많이 먹는 거 아니니?
- 이것만 먹고 바로 양치질할게요.
- 아~, 귀찮아. 그냥 잘까? 그래 오늘만이야.
- 딱, 오늘만 그냥 자는 거야.

다음 날

- 어머니, 사과 잡수세요.
- 바른아, 사과 먹어.

040 있다-계시다

있다의 높임말은 '계시다'예요. 길에서 만난 동네 아주머니가 '엄마, 집에 있니?'라고 묻더라도 친구들은 '네, 어머니 집에 계세요'라고 답해야 해요. '네, 엄마 집에 있어요' 하고 그대로 받아 대답하면 안 된답니다.

착한 어린이상을 받을 친구를 투표로 뽑을 거예요.

넌 누구 뽑을 거야?

비밀!

착한 어린이 투표 결과
나자랑 1 동욱 1
바른 20

다음 날 방송실

이 어린이는 품행이 단정하고….

← 교장 선생님

041 자다-주무시다

자다의 높임말은 '주무시다'예요. 잠자리에 들기 전 부모님께 '안녕히 주무세요!'하고 인사하면 부모님께선 '그래, 잘 자!'라고 대답해요. 일상에서 자주 쓰는 익숙한 말이에요. 오늘 밤에는 인사와 함께 부모님을 꼭 안아 주세요. 기분 좋은 잠자리가 될 거예요.

아빠가 늦잠을 주무시니까 막내도 아직 자네.

어머니, 심심해요. 오늘따라 왜 이렇게 조용하죠?

그러게. 주말이라 그런가?

바른아, 누나 일어났는지 한번 가 봐.

똑똑

누나, 자?

안 자. 들어와~.

042 주다-드리다

주다의 높임말은 '드리다'예요. 드리다는 직접 물건 등을 준다는 뜻도 있지만, 인사, 부탁, 말 등을 한다는 뜻으로도 쓰여요. '부탁을 드렸다, 말씀을 드렸다, 사과를 드렸다'처럼 사용할 수 있지요.

043

죽다-돌아가시다

죽다의 높임말은 '돌아가다'에 -시-를 넣어 '돌아가시다'예요. 이 말은 오직 사람에게만 사용할 수 있어요. 아무리 나이 많은 동물이 죽었다고 해도 '거북이가 돌아가셨어'라고 하지는 않아요. '거북이가 죽었어'라고 해야 한답니다.

044 집-댁

집의 높임말은 '댁'이에요. 주말에 무엇을 하느냐는 친구의 질문에 '가족들이랑 할머니 댁에 가기로 했어'라고 대답해 보세요. '할머니네, 할머니 집' 보다 훨씬 멋지게 들리지 않나요? 바른 높임말 사용은 나를 멋진 사람으로 만들어요.

045 나이-연세

나이의 높임말은 '연세'예요. 웃어른의 나이를 높여 이르는 말인 '춘추'와 같이 쓸 수 있어요. 웃어른의 나이를 물을 때는 '연세가 어떻게 되세요?'라고 말해야 해요. '몇 살이세요?'는 버릇없는 질문이랍니다.

046 아들, 딸 - 아드님, 따님

남의 아들이나 딸을 높여 '아드님, 따님'이라고 해요. 선생님 휴대폰에서 예쁜 아기 사진을 보았어요. 귀엽다고 칭찬하는 말을 하고 싶어요. 이때는 '선생님, 아드님(따님)이 정말 귀여워요'라고 말하면 된답니다.

4장
뭐라고 부를까?

047 아버지, 어머니께서는…

보통 나이가 들어서도 친근감을 담아 엄마, 아빠라는 호칭을 그대로 사용하는 경우가 많아요. 하지만 격식을 갖춰야 하는 자리에서는 어머니, 아버지라고 바꿔 말해야 해요. 장소와 상황에 따라 호칭도 바꿔 말해야 한답니다.

엄마, 나 물!

아기도 아니고 높임말 좀 제대로 써.

네에, 네!

너무 맛있다.

냠냠 냠냠

다음 날

엄마, 나 용돈! 용….

엄마가 높임말 쓰라고 했었지!

찌릿

동생들도 다 쓰는 높임말을 누나가 안 쓰면 되겠어?

앞으로는 높임말 잘 쓸게요.

048 어머니 성함은…

때때로 부모님 성함을 말해야 할 때가 있어요. 이때 이름에 '-자'를 넣어 말하면 되는데, 성에는 '-자'를 붙이지 않아요. '저희 어머니 성함은 김, 미자, 소자십니다'라고 말하면 된답니다. 그럼 아버지 성함을 소리 내 말해 볼까요.

049 아버님, 언제 올라오세요?

아버지, 아버님 둘의 차이는 무엇일까요? 아버지는 내 아버지를 말하고, 아버님은 다른 사람의 아버지를 높여 이르는 말이에요. 어머니와 어머님 또한 같아요. 하지만 며느리가 시부모를 부를 때는 아버님, 어머님이라고 해야 한답니다.

050 할미는 그만!

할아버지의 높임말은 할아버님, 할머니의 높임말은 할머님이에요. 다른 사람의 할머니와 할아버지를 높여 부르기도 하고, 내 할머니와 할아버지를 높여 부를 수도 있어요.

안녕하세요.

다녀왔습니다!

형아다요.

아이고, 오랜만에 왔구나. 배고프지?

저흰 배가 고파서 뭐든 다 맛있을 거 같아요.

할미, 난 빵 먹고 싶다요.

051 아주머니야, 아줌마야?

흔히 부모님과 비슷한 또래의 여자 어른을 부를 때 아줌마라고 친근하게 불러요. 그런데 아줌마는 아주머니를 낮추어 부르는 말이에요. 친근한 사이가 아니라면 되도록 '아주머니'라고 부르는 것이 바른 표현이에요.

052 어르신, 여기 앉으세요

남의 할머니, 할아버지를 높여 부를 때 '어르신'이라고 해요. 이때 아는 분일 수도 있고, 모르는 분일 수도 있어요. 지금은 할머니, 할아버지지만 친구들이 나이가 들어 어른이 되면 이웃 어른을 높여 부르는 말이 되지요.

053
선생님, 사모님은 어떤 분이세요?

선생님의 남편이나 아내를 어떻게 불러야 할지 몰라 난감할 때가 있어요. 이때 남편은 사부님, 아내는 사모님이라고 부르면 된답니다. 여기서 사(師)는 스승이라는 뜻을 가지고 있어요.

054 아저씨, 막내랑 놀아도 될까요?

아버지와 비슷한 또래의 남자를 부를 때 '아저씨'라고 해요. 또, 친구의 아버지를 부를 때도 아저씨라고 부르면 돼요. 남자 어른 누구에게나 쓸 수 있는 표현이랍니다.

055 호호 아저씨는 안 보이네

친구들과 연예인 얘기를 할 때 그 사람의 나이와 상관없이 이름만 부르는 친구들이 많아요. 나이가 어린 연예인도 있지만, 부모님과 비슷한 또래인 경우도 많지요. 연예인을 부를 때 오빠, 누나, 아저씨, 아주머니 등을 붙여 보면 어떨까요.

056 당신이 문학 소년이었다고 하셨지

당신에는 여러 의미가 있어 웃어른께 그런 말을 쓰는 것이 버릇없는 것처럼 보이지만, '당신'은 자기 자신을 아주 높여 이르는 말로도 사용할 수 있어요. 그래서 '할아버지는 자신이'가 아니라 '할아버지는 당신이'로 말해야 한답니다.

다녀왔습니다~.

우리 딸 오늘 기분이 좋아 보이네.

아빠 저 상 받았어요.

상장

짜잔!

뭐? 고은이가 상을?

저도 한다면 한다고요!!

시 부문 금상! 오호~.

의기양양

5장
어떻게 인사할까?

057 안녕하세요(안녕히 계세요)

인사를 말로만 하거나 쑥스러움에 목소리를 개미처럼 작게 내는 친구들이 있어요. 길에서 이웃 어른을 만났을 때는 걸음을 멈추고 고개를 숙이며 '안녕하세요!' 하고 크게 인사해요. 바른 인사 한 번이 그 사람을 기억하게 해요.

058 다녀오겠습니다(다녀왔습니다)

집에서 나가거나 들어올 때면 습관처럼 '다녀오겠습니다!', '다녀왔습니다!' 하고 인사해요. 예전처럼 벨을 눌러 문을 열어 주지 않다 보니 이런 인사들을 잘 챙기지 않게 되어 아쉬워요. 오늘은 어른이 계신 방을 찾아가 인사를 하고 외출해 보면 어떨까요!

> 막내야, 형 좀 깨울래.

> 네!

> 여보, 내 안경 어디 있지?

> 엄마, 내 빨간색 티?

> 어머나! 지금 세탁기에 있는데, 깜빡했다!

> 힝, 그럼 나 뭐 입어?

> 바른아! 지각이야.

> 형, 일어나라요!!

059 고맙습니다

고마운 마음을 전할 때 우리는 '고맙습니다, 감사합니다' 하고 인사해요. 때때로 '감사합니다'를 높임말이라고 생각하는 친구들이 있는데, 두 말 모두 친구나 웃어른께 사용할 수 있어요. 고마운 마음은 고맙다고 표현해야 상대가 알 수 있어요.

060 실례합니다

상점에 물건을 사기 위해 들어갔는데 주인이 안 보일 때가 있어요. 이때 보통 '저기요~' 또는 '아줌마(아저씨)~' 하고 주인을 부르는데, 그보다는 '실례합니다~' 하고 상대에게 양해를 구하는 말로 해 보는 건 어떨까요?

061 괜찮습니다

웃어른의 질문에 나쁘지 않다는 긍정의 뜻과 정중하게 사양한다는 의미로 '괜찮아요'라고 대답할 때가 있어요. 이 말도 잘못된 것은 아니지만, '괜찮습니다'라고 좀 더 정중하게 말하거나 정확하게 자신의 의견을 말하는 것이 좋답니다.

062 내일 뵙겠습니다

어떤 장소를 웃어른보다 먼저 떠나야 할 때 하는 인사는 '안녕히 계세요, 먼저 나가겠습니다, 내일 뵙겠습니다' 등이 무난해요. '수고하셨습니다'나 '고생하셨습니다'는 나이 어린 사람이 어른께 할 수 있는 인사가 아니랍니다.

063 부탁드립니다

부모님이나 웃어른께 어떤 부탁을 할 때 가까운 사이라고 해서 '해 주세요!'라고 부탁을 당연히 들어줘야 하는 것처럼 말하면 안 돼요. 부탁을 할 때는 정중하게 '부탁드립니다'라고 말해야 한답니다.

그날 저녁

내일 나리 누나네 가야 하는데….

이거 다 못 풀어 가면 선생님이 남아서 하라고 할 거야.

아, 어쩌지? 하나도 모르겠어.

누나~, 지금 바빠?

왜?

이것 좀 알려주라.

공손하게 다시 부탁해 봐.

064 여쭈어볼 게 있어요

선생님이나 웃어른께 궁금한 것이 있는데, 어떻게 말해야 할지 몰라 옆에서 쭈뼛거린 적이 있을 거예요. 이때는 있는 그대로 '선생님, 여쭈어볼 게 있습니다' 하고 시작하면 돼요. 그럼 상황에 따라 바로 답변해 주실 수도 있고, 시간 약속을 해 주실 수도 있지요.

065 네(예)

웃어른의 부름이나 질문에 대답할 때는 잘 알아들을 수 있게 큰 목소리로 '네(예)'라고 대답해요. 소리를 너무 작게 내면 들리지 않아 상대가 답답하게 느낄 수 있어요. 대답은 크고 또렷하게! 행동은 바로바로!

066 아니요, 전 아닌데요

윗어른의 말씀이라고 해서 모두 긍정의 답변만 할 수는 없어요. 윗어른의 질문에 부정하여 대답해야 할 때는 '네(예)'와 상대 되는 '아니요'라고 말해야 해요. '아니오'와 헷갈릴 수 있으니 기억해 둬요.

067 잘 알았습니다

윗어른의 심부름에 '네!' 하고 대답할 수 있지만, 정확하게 잘 알아들었다는 뜻에서 '잘 알았습니다!'라고 대답한다면 심부름을 시킨 사람은 시킨 일을 잘 처리할 것이라는 믿음이 더 커질 거예요. 또한, 그런 대답을 한 친구도 더욱 책임감 있게 행동하겠죠.

068 죄송합니다. 전화가 잘못 걸렸습니다

전화를 하다 보면 번호를 잘못 누르거나 전화번호를 잘못 알아 다른 사람과 통화가 되는 경우가 있어요. 이때 깜짝 놀라 말없이 그냥 끊어 버리는 친구들이 많아요. 이때는 '죄송합니다. 전화가 잘못 걸렸습니다' 하고 정중하게 말하고 끊으면 된답니다.

069 생신 축하드립니다

윗어른께 축하 인사를 해야 할 때는 '축하합니다' 또는 '축하드립니다'라고 말하면 돼요. 부모님처럼 가까운 사이라면 '생신 축하해요'라고 말할 수도 있지요. '-ㅂ니다(습니다)'는 상대를 높이는 '하십시오' 자리에 대신 쓰여 상대를 높이는 표현이에요.

여기쯤 달까요?

막내야, 위험하니까 저기에 앉아 있어.

사랑하는 할머니 생신 축하드립니다!!

네~.

볼이 너무 아프다.

막내야, 안 돼! 풍선 터지니까 만지지 마.

슬쩍

6장
높임말 주의사항

070 점원이 도와줬어요

다른 사람에게 상황을 설명해야 할 때 모르는 어른에게는 높임말을 쓰지 않아요. 경찰관, 소방관, 점원 등의 직업과 관련된 호칭을 사용해 설명하면 되지요. 하지만 모르는 어른이라도 직접 이야기를 나눌 때는 높임말을 써야 한답니다.

- 이 공룡 내려달라는 거죠?
- 네, 맞아요. 고맙습니다~.
- 인형은 어떻게 꺼내 왔누?
- 점원께서 도와주셨다요.
- 상황을 설명할 때 모르는 어른은 높여서 말하지 않아.
- 그냥 '점원이 도와줬어요' 하면 돼.
- 응, 알았다요.
- 막내야, 인형은 제자리에 놓고 가자꾸나.

071 지갑이 안 보여요

높임말을 하다 보면 웃어른의 물건인데 높임말을 써야 하는 것이 아닌지 망설여질 때가 있어요. 하지만 아무리 할머니, 할아버지의 물건이라도 물건에는 높임말을 쓰지 않아요. 물건은 높여야 할 대상이 아니기 때문이에요.

072 할머닌 귀가 어두우셔

앞에서 웃어른의 것이라도 물건에는 높임말을 쓰지 않는다고 했어요. 그럼 웃어른의 발이나 손처럼 신체 일부라면 어떨까요? 이때는 '선생님, 손이 예쁘세요', '할아버지, 발이 크시네요' 처럼 높여 말할 수 있답니다.

073 어미 개가 힘들었겠어요

높임말을 동물에게도 쓸 수 있을까요? 당연히 쓸 수 없어요. '어미 소께서 송아지를 핥아 주셨어요.' 정말 이상하지 않나요. 동물은 우리가 높여야 할 대상이 아니랍니다.

074 용감한 이순신 장군

위대한 업적을 남긴 역사적 인물은 어떨까요? 한글을 창제한 세종대왕, 나라의 독립을 위해 싸운 유관순 열사 등 대단한 업적을 남긴 만큼 높임말을 꼭 써야 할 것 같아요. 하지만 역사적 인물에게도 높임말을 쓰지 않아요.

오늘은 십만 원 지폐에 인물을 그릴 거예요. 먼저 지폐 속 인물에 대해 알아볼게요.

내가 제일 좋아하고 존경하는 인물을 넣어야지.

천 원에는 퇴계 이황요.

만 원에는 세종대왕이에요.

오천 원에는 율곡 이이요.

오만 원에는 신사임당요!

친구들이 안 그리는 위인이 누가 있을까?

075 나는 하고 싶은 일이 너무 많다

학교 숙제로 글짓기를 쓰다 보면 '나'라고 써야 할지, '저'라고 써야 할지 헷갈릴 때가 있어요. 선생님이 읽으시니 당연히 '저'라고 써야 할 것 같지만, 글을 쓸 때는 읽을 사람이 기준이 되는 것이 아니라 쓰는 내가 기준이 되어 '나'라고 해야 하지요.

으으으으으 으으으으 으으으으으

바른아, 왜 그래?

장래 희망 글짓기가 숙젠데.

아무것도 생각이 안 나.

그게 뭐 어렵다고. 대충 아무거나 쓰면 되는 거지.

음…

나는 꿈이 작가다. 며칠 전 어머니와 간 서점에서 멋진 책을 발견했다. 어떻게 하면 이런 글을 쓸 수 있을까? 주절주절 이렇게 쓰면 되는 거지.

오호~.

076 교장실은 과학실 옆에 있어요

물건처럼 장소를 이야기할 때도 높임말을 쓰지 않아요. 과학실이나 실과실, 보건실처럼 교장 선생님이 사용하시는 방도 교장실이 되지요. 회장실, 사장실도 모두 같답니다.

077 할아버지 생신이 언제예요?

부모님 생신을 알고 있나요? 생신을 알고 있다니 정말 대단해요. 만약 모르는 친구라면 부모님께 당장 생신이 언제인지 물어봐요. 혹시 '생신이 언제세요?'라고 묻지 않았나요? 날짜는 높이지 않고 '생신이 언제예요?'라고 물으면 돼요.

078 고모 전화번호가 몇 번이에요?

마지막 질문이에요. 고모의 전화번호는 높여야 할까요, 높이면 안 될까요? 동물, 물건, 장소, 날짜처럼 당연히 높이지 말아야 한다고요? 맞아요. 누구의 것이든 전화번호는 전화번호일 뿐 높여야 할 대상이 될 수는 없어요.

공경·존중·배려가 담긴 높임말
지금 바로 시작해요!

에필로그

웃어른께는 공경의 높임말을!
친구와 주변 사람에게는 존중과 배려의 높임말을!

  요즘은 부모와 자식 간에 친구처럼 친근하게 지내는 경우가 많아요. 그래서 말도 편하게 예사말을 쓰기도 하지요. 왠지 높임말은 어색하고 거리감이 느껴져 부담스럽기 때문이에요.
  하지만 서로 의견이 맞지 않아 갈등이 생기게 되면 친근감을 위해 썼던 예사말이 도리어 서로를 힘들게 하기도 해요. 예사말은 격한 감정을 있는 그대로 드러내 서로에게 더욱 큰 상처를 입힐 수 있어요. 그제야 높임말을 써야 하는 이유를 알게 되지요.
  높임말을 처음 시작하려면 어색하기도 하고 제대로 사용하기도 정말 어려울 거예요. 이럴 땐? 저럴 땐? 머리가 복잡해져요. 높임말에 익숙하지 않은 친구들이 《읽다 보면 저절로 알게 되는 신비한 높임말 사전》을 통해 일상에서 높임말을 어떻게 써야 하는지 자연스럽게 알아 가기를 바랍니다.

이수인(SOO)

초판 6쇄 2024년 10월 1일
초판 1쇄 2021년 8월 13일

글·그림 이수인

펴낸이 정태선
펴낸곳 파란정원(자매사 책먹는아이)
출판등록 제395-2010-000070호
주소 서울특별시 은평구 가좌로 175, 5층
전화 02-6925-1628 | **팩스** 02-723-1629
제조국 대한민국 | **사용연령** 8세 이상 어린이
홈페이지 www.bluegarden.kr | **전자우편** eatingbooks@naver.com
종이 다올페이퍼 | **인쇄** 조일문화인쇄사 | **제본** 경문제책사

글·그림ⓒ이수인 2021
ISBN 979-11-5868-198-2 73700

이 책은 저작권법에 따라 보호받는 저작물이므로 무단 전재와 무단 복제를 금지하며,
이 책 내용의 전부 또는 일부를 이용하려면 반드시 저작권자와 파란정원(자매사 책먹는아이)의 동의를 얻어야 합니다.
*잘못된 책은 구입하신 서점에서 바꿔 드립니다.

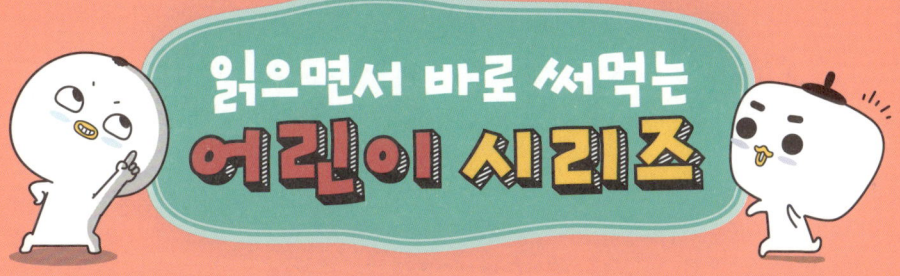

고군분투하던 초등 어휘력
읽으면서 바로 써먹는 어린이 시리즈로
재미있고 알차게 키우자!!

한날 외 글·그림 | 초등 전학년

'왜 그럴까?'에서 시작하는
아주 기특한 상식 이야기

〈초등학생이 딱 알아야 할 상식 시리즈〉는 교과서 속에 실린 내용을 중심으로
우리가 꼭 알아야 할 과목별 상식 이야기를 담고 있습니다.
'왜 그럴까?'라는 호기심에 대한 궁금증을
쉬운 설명과 재미있는 일러스트로 알려 주어
외우려고 노력하지 않아도 개념과 원리를 쉽게 이해할 수 있습니다.

조영경 외 글 | 홍나영 그림 | 224쪽 | 각 권 13,000원